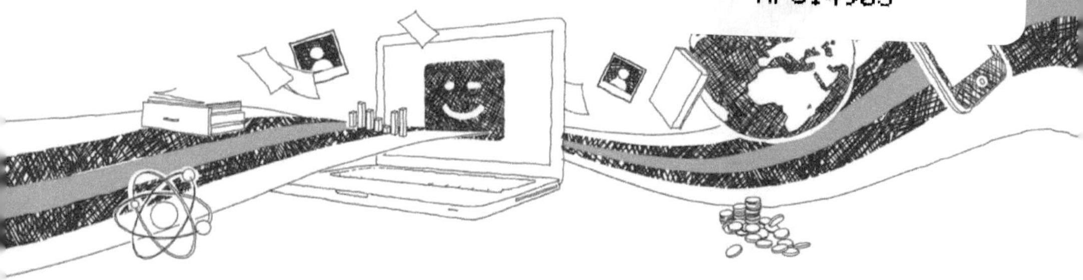

Ernst Probst

Hildegard Knef - Der deutsche Weltstar mit drei Karrieren

GRIN Verlag

Bibliografische Information der Deutschen Nationalbibliothek:

Die Deutsche Bibliothek verzeichnet diese Publikation in der Deutschen Nationalbibliografie; detaillierte bibliografische Daten sind im Internet über http://dnb.d-nb.de/ abrufbar.

Impressum:

Druck und Bindung: Books on Demand GmbH, Norderstedt Germany
ISBN: 978-3-656-13448-0

Dieses Buch bei GRIN:

http://www.grin.com/de/e-book/189244/hildegard-knef-der-deutsche-weltstar-mit-drei-karrieren

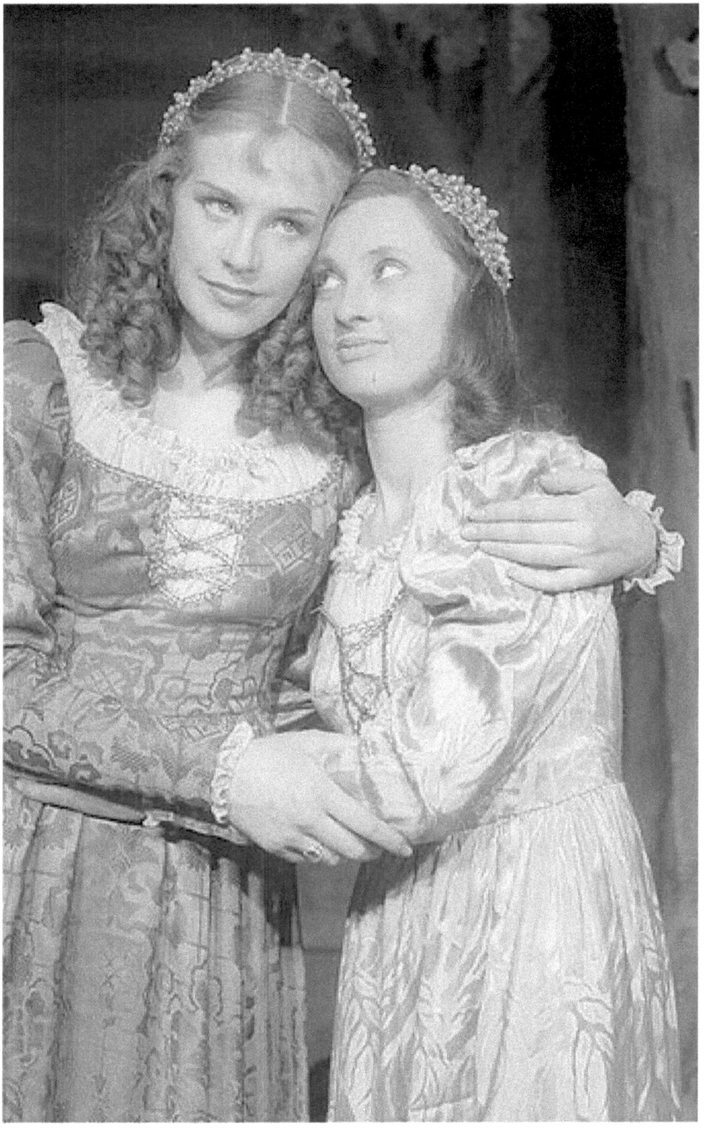

Foto auf der vorhergehenden Seite:

Hildegard Knef (1925–2002, links)
mit Gudrun Genest (rechts)
in „Wie es euch gefällt“ von William Shakespeare
im „Schloßparktheater“ in Berlin 1946

Ernst Probst

Hildegard Knef

Der deutsche Weltstar
mit drei Karrieren

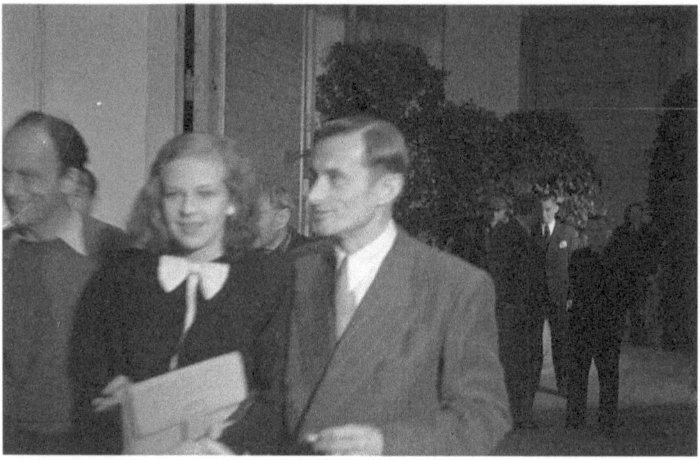

Hildegard Knef (Mitte)
im Alter von 20 Jahren
mit Wolfgang Staudte (links)
am 15. Oktober 1946
bei der Präsentation
des ersten deutschen Nachkriegsfilms
„Die Mörder sind unter uns"

Beate Werner,
Bernd Werner,
Marianne Werner,
Otto Werner,
Sonja Werner,
Dr. Jochen Werner,
Steffen Werner und
Christine Werner
gewidmet

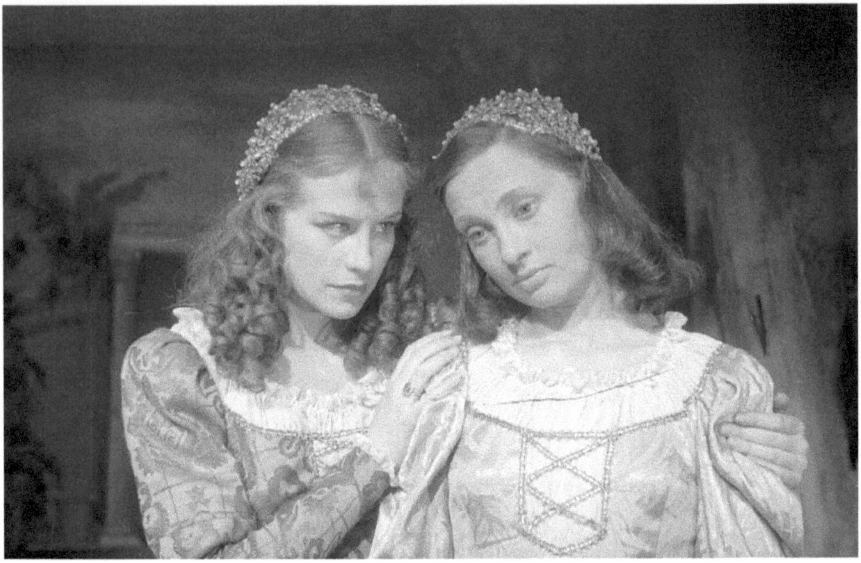

Hildegard Knef (links) und Gudrun Genest (rechts).
Szenenbild aus „Wie es euch gefällt"
von William Shakespeare
im „Schloßparktheater" in Berlin 1946

Hildegard Knef

Der deutsche Weltstar mit drei Karrieren

Ein deutscher Weltstar war die Schauspielerin, Sängerin und Schriftstellerin Hildegard Knef (1925–2002). Die erste Karriere der Knef als Filmstar begann 1944, ihre zweite als Chansonsängerin 1963 und ihre dritte als Autorin 1970. In den 1950-er Jahren war sie die wichtigste Vorkämpferin des westdeutschen Nachkriegsfilms. 1968 galt sie als beste deutschsprachige Chansonsängerin. Ihre Autobiographie „Der geschenkte Gaul" von 1970 erreichte eine Auflage von vier Millionen Exemplaren.

Hildegard Frieda Albertine Knef erblickte am 28. Dezember 1925 als Tochter des flämischstämmigen Tabakkaufmannes und Prokuristen Hans Theodor Knef (1898–1926) in Ulm/Donau das Licht der Welt. Ihr Vater hatte sich einen „Stammhalter" gewünscht und machte ihrer Mutter deswegen Vorwürfe. Einige Wochen nach der Geburt erfolgte die evangelische Taufe.

Der Vater von Hildegard starb am 6. Juni 1926 früh im Alter von 28 Jahren an Syphilis, nachdem ihm drei Tage zuvor ein Abszess an den Mandeln entfernt worden war. Hildegard war im Alter von sechs Monaten bereits Halbwaise.

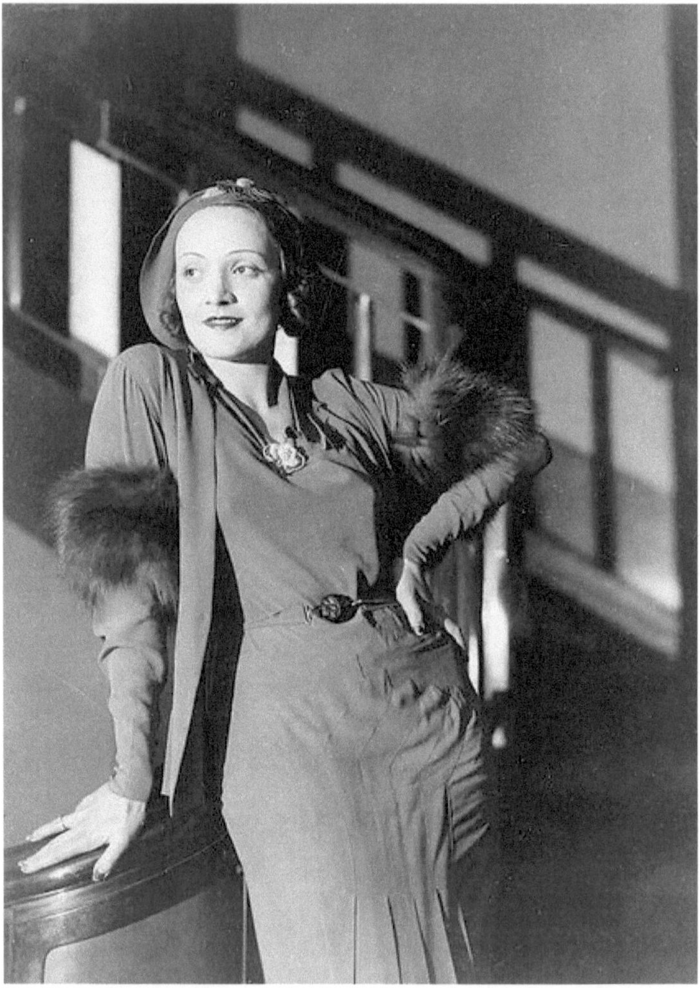

Marlene Dietrich (1901–1992)

Nach dem Tod ihres Ehemannes zog die aus Berlin stammende Mutter Frieda Auguste, geborene Gröhn, zusammen mit ihrer Tochter Hildegard nach Berlin. Zunächst wohnten die Beiden in der Sedanstraße 33 in Berlin-Schöneberg, wenige Monate später im dritten Obergeschoss des Hauses Nr. 68 (heute Leberstraße 68). In derselben Straße wurde im Haus Nr. 69 die Schauspielerin Marlene Dietrich (1901–1992) geboren. Im April 1931 hatte Hildegard ihren ersten Schultag in Berlin-Wilmersdorf. 1932 erkrankte sie an Kinderlähmung und rheumatischem Fieber.
Im Sommer 1933 heiratete die Mutter von Hildegard den aus Hannover stammenden Schuhmachermeister und Mitbesitzer einer Berliner Lederfabrik, Wilhelm Wulfestieg. Der Stiefvater adoptierte Hildegard nicht. Vor ihm hatte sie anfangs wegen seiner klobigen Hände große Angst. Im Alter von acht Jahren zeichnete sie erstmals Porträts vor allem von alten Menschen.
Am 20. August 1935 kam in Berlin der Halbbruder Heinz Wulfestieg zur Welt, den Hildegard sehr liebte. Heinz litt unter einem angeborenen Herzfehler, wurde später Jazzmusiker (Trompeter) und starb 1978 mit 43 Jahren in Berlin.
Wilhelm Wulfestieg, der Stiefvater von Hildegard Knef, verlor seine Schuhfabrik, als sein jüdischer Partner Gold emigrierte und er sich mit den Nationalsozialisten nicht einigen konnte. Danach verdiente die Familie in einem Schuhmacherladen in der Bernhardstraße in Berlin-

Friedenau ihren Lebensunterhalt. Anfangs wohnten sie im Nachbarhaus Nummer 5 in der Bernhardstraße, später in Nummer 6.
Als Zehnjährige wechselte Hildegard 1936 in das Rückert-Lyzeum in der Mettestraße 8 in Berlin-Schöneberg. Gemeinsam mit ihrer Schulklasse erlebte sie einen Wettbewerbstag bei den „Olympischen Spielen 1936" in Berlin.
Die Kindheit von Hildegard war nicht immer unbeschwert. Sie musste die Wohnung ihrer Eltern sauber halten, kochen, im Laden des Stiefvaters ihre Schularbeiten erledigen und dort mitarbeiten. Zu ihren Aufgaben gehörte es, Sohlen anzustreichen und zu polieren sowie nachts Schuhe auszutragen. Im Sommer 1939 wurde sie von ihrer Mutter einmal so heftig ins Gesicht geschlagen, dass sie einen Nasenbeinbruch erlitt. Kiefer- und Nasenoperationen waren die Folge.
Nach Ausbruch des Zweiten Weltkrieges (1939–1945) musste sie mit ihren Schulkameraden zum Ernteeinsatz.
In der evangelischen Kirche von Berlin-Schöneberg feierte sie im Frühjahr 1941 ihre Konfirmation.
Im Alter von 15 Jahren verließ Hildegard im Sommer 1941 mit der „Mittleren Reife" das Rückert-Lyzeum in Berlin-Schöneberg. Ihre Mutter wollte, dass sie eine Handelschule besuchen sollte.
Im Frühjahr 1942 begann Hildegard eine Ausbildung als Zeichnerin in der Malabteilung des Studios „Universum Film AG" („UFA") in Berlin-Mitte. Diese

Ausbildung wurde durch ein Stipendium finanziert, das sie durch ihre erfolgreiche Teilnahme an einem Preisausschreiben der „UFA“ für Zeichnerinnen erwoben hatte. Abends arbeitete sie für die Trickfilm-Abteilung der „UFA“.

Anfang Juli 1943 machte Hildegard Knef Probeaufnahmen für die Schauspiel-Abteilung der „UFA“. Dies wurde ihr von der Besetzungschefin Else Bongers (1907–1994) ermöglicht. Am 13. August 1943 machte Hildegard in der Hauskantine den „UFA“-Produktionschef Wolfgang Liebeneiner (1905–1987) auf sich aufmerksam, indem sie nach dem Ergebnis ihrer Schauspiel-Probeaufnahmen fragte. Bereits einen Tag später erhielt sie am 14. August 1943 einen durch ein Stipendium finanzierten Vertrag über eine Ausbildung als Schauspielerin an der Staatlichen Filmschule in Potsdam-Babelsberg. Karl Meichsner und die damalige „UFA“-Nachwuchschefin Else Bongers fungierten als ihre Schauspiellehrer. Hildegard erhielt monatlich 300 Reichsmark. Zu ihrer Ausbildung gehörten auch Unterricht in Ballett, im Gesang und im Fechten.

Im Herbst 1943 wurden die Mutter und der Halbbruder Heinz nach Uelzen in Niedersachsen evakuiert. Hildegard dagegen blieb in Berlin bei ihrem Stiefvater in der Bernhardstraße in Berlin-Friedenau.

1944 begann die 18-jährige Hildegard Knef eine Affäre mit dem doppelt so alten und verheirateten Reichsfilm-Dramaturgen Ewald von Demandowsky (1906–1946),

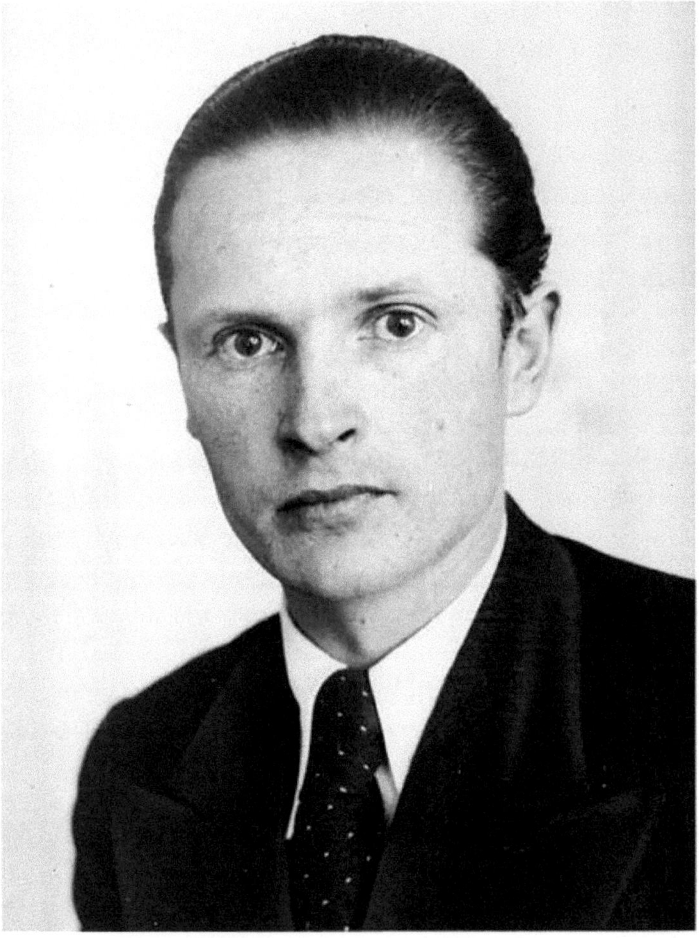

Ewald von Demandowsky (1906–1946)

der auch Produktionschef der zweitgrößten deutschen Filmfirma „Tobis" war. Er lebte damals von seiner Frau und seinen zwei Kindern getrennt. Demandowsky war die erste große Liebe der Knef. Am 8. Juni 1944 spielte sie in dem Stück „Der kleine Herr Niemand" in den Kammerspielen des „Deutschen Theaters Berlin" erstmals eine kleine Theaterrolle. Im Juli 1944 konnte Else Bongerts verhindern, dass Hildegard eine private Einladung der Nazi-Größe Joseph Goebbels (1897–1945) annehmen musste.

Das Debüt der Knef auf der Kinoleinwand in „Träumerei" (1944) von Harald Braun (1901–1960) entfiel beim Schnitt. Während der letzten Monate des Zweiten Weltkrieges wirkte sie in den Streifen „Unter den Brücken" (ein halber Drehtag), „Frühlingsmelodie" (unvollendet), „Die Brüder Noltenius" und „Fahrt ins Glück" (erste Hauptrolle) mit, die allesamt erst nach Kriegsende im Kino zu sehen waren.

Im Winter 1944/1945 zerstörte eine Fliegerbombe das Haus in der Bernhardstraße, in dem Hildegard damals bei ihrem Stiefvater wohnte. Danach fand sie bei dem österreichischen „UFA"-Mitarbeiter Fritz Dippert und seiner Ehefrau Alike am Teltower Damm 5 in Berlin-Zehlendorf eine neue Bleibe.

Im Februar 1945 wollten Hildegard Knef und ihr Liebhaber Ewald von Demandowsky zusammen mit einer Volkssturm-Truppe aus der umkämpften deutschen Hauptstadt Berlin flüchten. Hildegards Ziel war Uezen in der Lüneburger Heide in Niedersachsen, wo sich ihre Mutter und ihr Halbbruder Heinz aufhielten. Um eine Vergewaltigung zu vermeiden, verkleidete sie sich als Mann in Soldatenuniform. Doch in einem Haus in Berlin-Wilmersdorf wurde sie von SS-Männern aufgehalten, wegen „Entfernens von der Truppe" zum Tod durch Erhängen verurteilt, offenbarte sich aber als Mädchen und kam wieder frei.

Anschließend setzte Hildegard als Junge verkleidet und unter dem falschen Namen „Heinz" ihre Flucht fort. Bei Friesack im westlichen Havelland kurz vor der Elbe gerieten sie und ihr Liebhaber Demandowsky in die Gewalt polnischer Partisanen. Man brachte die Beiden in ein großes russisches Gefangenenlager in Polen. Dort war Hildegard lange Zeit unerkannt die einzige Frau unter 40.000 Männern.

Als man erkannte, dass sie kein Junge, sondern ein Mädchen war, kam Hildegard in Einzelhaft. wo sie an Typhus erkrankte. Zu allem Überdruss wurde sie durch den versehentlichen Schlag eines russischen Soldaten mit einem Gewehrkolben am Kiefer verletzt, was später 20 Operationen erforderte. Nach drei Monaten konnte sie mit Hilfe eines polnischen Arztes aus dem russischen Gefangenenlager flüchten und kehrte nach Berlin zurück.

Auch Demandowsky hat man aus dem russischen Gefangenenlager in Polen entlassen. Er kehrte nach Berlin zurück, wurde 1946 von der US-Militärpolizei verhaftet und der sowjetischen Militäradministration übergeben, von einem Militärtribunal zum Tod verurteilt und am 7. Oktober 1946 in Berlin-Lichtenberg erschossen. Erst Anfang der 1990-er Jahre wurde er rehabilitiert.

Anfang Juni 1945 durfte Hildegard Knef dank Vermittlung ihrer Förderin Else Bongers in der Villa des Schauspielers Victor de Kowa (1904–1973) in Berlin-Ruhleben wohnen. Von ihm wurde sie auch protegiert. Später mietete sie eine Wohnung in der Kleiststraße 9 in Berlin-Zehlendorf.

Am 16. Juni 1945 hatte Hildegard Knef ihren ersten Theaterauftritt nach dem Zweiten Weltkrieg. Sie spielte in dem Kabarettprogramm „Heute Abend um sechs" mit Victor de Kowa in dessen Kurfürstendamm-„Tribüne" in Berlin-Charlottenburg mit und sang das Lied „So oder so ist das Leben". An jenem Tag erfuhr sie, dass ihr geliebter 79-jähriger Großvater mütterlicherseits, Karl Gröhn, in Zossen südlich von Berlin Selbstmord begangen hatte.

Am 3. November 1945 trug Hildegard Knef bei der Einweihung des „Schloßparktheaters" in Berlin-Steglitz den Prolog des Stückes „Hokuspokus" von Curt Goetz (1888–1960) vor. Regie führte der Intendant Boleslaw Barlog (1906–1999), der die Knef auf dem S-Bahnhof Berlin-Wannsee entdeckt hatte. Während der Aufführungen lernte Hildegard den US-Amerikaner jüdisch-tschechischer Herkunft Kurt Hirsch (1923–

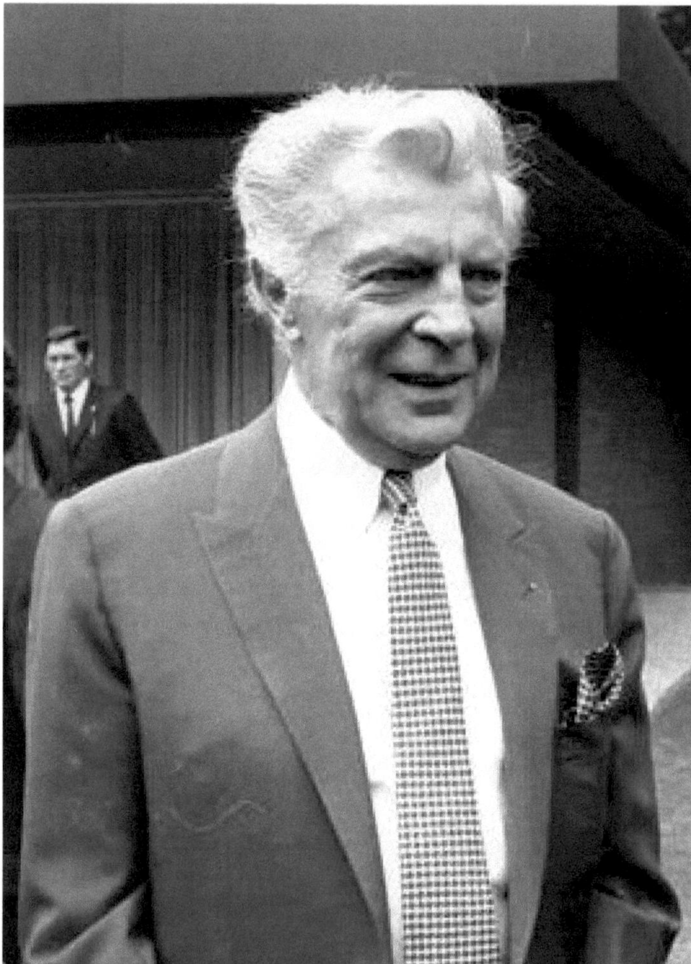

Victor de Kowa (1904–1973)

2008) kennen. Dieser war damals US-Kontrolloffizier für das Filmwesen im besetzten Deutschland und spielte später im Privatleben der Knef eine wichtige Rolle.
Wolfgang Staudte (1906–1984), einer der wichtigsten deutschen Filmregisseure der Nachkriegszeit, sah Hildegard Knef in dem Stück „Zum Goldenen Anker" im „Schloßpark-Theater" auf der Bühne und engagierte sie für den ersten deutschen Nachkriegsfilm „Die Mörder sind unter uns" (1946). Darin verkörperte die Knef eine ehemalige KZ-Insassin. Dieser Streifen war auch im Ausland erfolgreich und machte sie international bekannt. Anschließend spielte Hildegard Knef weiter Theater.
Im Frühjahr 1946 bezog Hildegard Knef eine Wohnung in der Königsmarckstraße 9 in Berlin-Grunewald. Dort gab es ein Wiedersehen mit ihrer Mutter und ihrem Halbbruder Heinz.
Den Durchbruch als Theaterschauspielerin schaffte die Knef durch ihren 291-maligen Auftritt als lispelnde Mabel in dem Stück „Drei Mann auf einem Pferd" am „Schloßpark-Theater". Gustaf Gründgens (1899–1963) erklärte beim Verlassen einer Vorstellung begeistert, er habe seit Chaplin nicht mehr so gelacht.
Im Winter 1946/1947 synchronisierte Hildegard Knef sowjetische Filme für die „DEFA" in Berlin-Johannisthal. Außerdem synchronisierte sie die amerikanische Schauspielerin Lana Turner (1920–1995) in den Streifen „Ziegfeld Girl" („Mädchen im Rampenlicht").

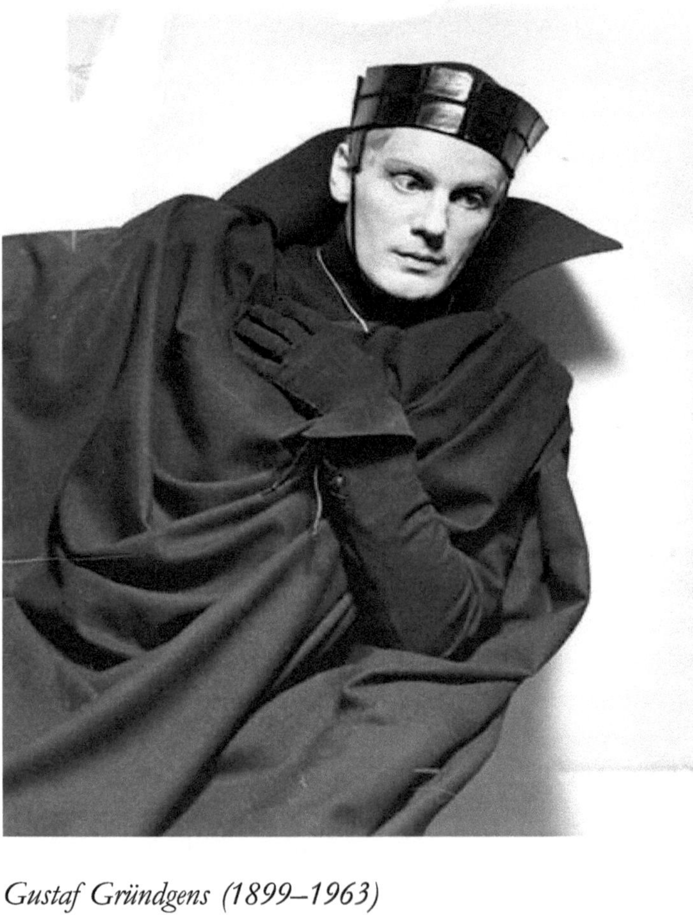

Gustaf Gründgens (1899–1963)

1947 sah man Hildegard Knef in „Zwischen Gestern und Morgen“ und in „Film ohne Titel“ auf der Kinoleinwand. Am 10. Mai 1947 zierte ihr Bild erstmals den Titel des Nachrichtenmagazins „Der Spiegel“. Neun Tage später erschien am 19. Mai 1947 erstmals ein Artikel im US-Nachrichtenmagazin „LIFE“ über die Knef. Darin wurde sie als neuer deutscher Star vorgestellt und erklärte sie, dass sie gern in Hollywood arbeiten würde. Nach dem internationalen Erfolg des Films „Die Mörder sind unter uns“ und einem mehrseitigen Artikel über die Hauptdarstellerin im US-Magazin „LIFE“ lud der Hollywood-Produzent David O. Selznick (1902–1965) die Knef in die USA ein.
Am 15. Dezember 1947 heiratete Hildegard Knef in der St. Annen-Kirche in Berlin-Dahlem den amerikanischen Filmoffizier Kurt Hirsch. Einen Monat später siedelte das Ehepaar am 23. Januar 1947 in die USA über. Am Tag der Abreise feierte „Film ohne Titel“ im „Marmorhaus“ in Berlin seine Premiere. Besucher/innen wurden per Handzettel gebeten, einen echten Titel für diesen Streifen vorzuschlagen. Dem Sieger winkte eine Belohnung von 3000 Reichsmark.
Bei einem Zwischenstopp des Fluges von Deutschland in die USA unterzeichnete Hildegard Knef in London einen Vertrag mit David O. Selznick, der ihr 250 US-Dollar pro Woche für ein halbes Jahr garantierte. In den USA wohnten Hildegard und Kurt zunächst bei den Eltern von Hirsch im Stadtteil Astoria im Bezirk Queens

in New York. Nach dem Rausschmiss durch den Vater zogen sie in eine Pension im Bezirk Bronx.
Am 27. Januar 1948 gab es ein erstes Treffen von Hildegard mit Selznick in dessen New Yorker Apartment. Der Filmproduzent bat sie, täglich sechs Stunden Englisch zu lernen. Nach mehrtägiger Autofahrt durch die USA kam Hildegard in Hollywood (Kalifornien) an. Ihr Filmstudio präsentierte sie fälschlicherweise als Österreicherin und gab ihr den Künstlernamen „Hildegarde Neff". Das von Selznick vorgeschlagene Pseudonym „Gilda Christian" hatte sie strikt abgelehnt.
Am 1. August 1948 zierte Hildegard Knef als Titelmädchen die erste Ausgabe der neuen deutschen Illustrierten „Stern". Es handelte sich um ein Foto aus „Film ohne Titel". Sie wurde zum ersten großen Star der Nachkriegszeit.
Der Vertrag mit Selznick bescherte der Knef einerseits wöchentlich einen Scheck, andererseits aber keine Filmrollen. Weil Selznick mit ihr keine Filme produzierte, wurde der Agent Kurt Frings, bei dem ihr Ehemann Kurt Hirsch angestellt war, für sie aktiv.
Zwischen Sprechunterricht und Probeaufnahmen lernte die Knef in den USA die wie sie aus Berlin stammende Marlene Dietrich kennen. Im Januar 1949 erhielt sie bei dem Filmfestspielen in Locarno den Preis als beste weibliche Darstellerin in „Film ohne Titel". Diesen Streifen bezeichnete sie später als ihren besten Film.

Am 16. Juni 1949 kam Hildegard Knef wieder nach Berlin. Dort waren Dreharbeiten für den Film „The Big Lift" („Es begann mit einem Kuß" bzw. „Die viergeteilte Stadt", 1950) mit Montgomery Clift (1920–1966) geplant. Unerwarteterweise wurde die ihr zugedachte Rolle mit Cornell Borchers neu besetzt. Angeblich hatte die Borchers auf die Affäre der Knef mit dem „Nazi" Ewald von Demandowsky hingewiesen. Nach drei Wochen flog die Knef wieder in die USA zurück.
Am 14. April 1950 erhielt Hildegard Knef in Los Angeles die amerikanische Staatsbürgerschaft.
Im August 1950 kamen Hildegard Knef und ihr Ehemann für kurze Zeit wieder nach Deutschland. In Bendestorf bei Hamburg und in Positano (Italien) drehte sie mit dem Regisseur Willi Forst (1903–1980) „Die Sünderin", den nach ihrer eigenen Einschätzung schlechtesten Film. Dieser Streifen verursachte wegen einer kurzen Nacktszene, in der die Knef ein Malermodell darstellte, sowie wegen der Thematisierung der Tabus Prostitution und Selbstmord einen Skandal. Die Folge waren Demonstrationszüge gegen oder für die „Sünderin", verbarrikadierte Kinos, Verbot des Films in vielen deutschen und anderen europäischen Städten sowie Klageverfahren bis hin zum Bundesgerichtshof. Katholiken protestierten vor allem gegen die Tötung auf Verlangen in der Schlussszene. Allein in Deutschland sahen mehr als sieben Millionen Kinobesucher den

Film „Die Sünderin", welcher der Knef 19.000 Mark einbrachte und sie noch bekannter machte.
Bereits während der Mitwirkung für „Die Sünderin" begannen die Dreharbeiten in mehreren deutschen Orten für den US-Film „Decision Before Dawn" („Entscheidung vor Morgengrauen", 1951) des amerikanischen Regisseurs russischer Herkunft, Anatole Litvak (1902–1974). Dabei handelte es sich um den ersten Film der Knef für die „20th Century Fox" von Danyl F. Zanuck, mit dem sie einen Siebenjahres-Vertrag abschloss. Hildegard hatte eine Affäre mit dem Regisseur Litvak, was die Trennung von ihrem Ehemann Kurt Hirsch zur Folge hatte.
Im Sommer 1951 stand Hildegard Knef in München und Frankfurt am Main für den deutschen Film „Nachts auf den Straßen" vor der Kamera. Bei den Dreharbeiten in Tag- und Nachtschichten verletzte sie sich am Meniskus. In Wien drehte sie „Es geschehen noch Wunder". Dabei handelte es sich um ihren zweiten Film mit Willi Forst. „Der Spiegel" kritisierte, die Knef sei eine Fehlbesetzung. Im Oktober 1951 veröffentlichte sie ihre erste Schallplatte mit dem Titel „Ein Herz ist zu verschenken".
Am 30. Oktober 1951 kehrte die Knef zu Dreharbeiten in Hollywood für den Film „Diplomatic Courier" („Kurier nach Triest", 1952) in die USA zurück. Damals hatte sie eine Affäre mit dem Co-Star Tyrone Power (1914–1958).

Im November 1951 reichte Hildegard Knef die Scheidungsklage gegen Kurt Hirsch ein. Am 15. Januar 1952 wurde ihre erste Ehe geschieden. Ihr Ex-Gatte arbeitete in der Folgezeit als Versicherungsvertreter in den USA.

Zwischen den Dreharbeiten in den Vereinigten Staaten lernte die Knef die amerikanische Filmschauspielerin Marilyn Monroe (1926–1962) kennen. Am 13. Dezember 1951 verewigte sie ihre Hand- und Fußabdrücke vor Hollywoods legendärem Premierenkino, dem „Grauman's Chinese Theatre".

Mitte Januar 1952 erlebte der Knef-Film „Nachts auf den Straßen" im „Turmpalast" in Frankfurt am Main seine Uraufführung. Kritiker urteilten ungnädig darüber. Trotzdem wurde dieser Streifen ein großer Erfolg. Er erhielt den „Goldenen Leuchter" als „bester abendfüllender Spielfilm" bei der Verleihung der Bundesfilmpreise 1953.

Am 2. April 1952 starb Wilhelm Wulfestieg, der Stiefvater von Hildegard Knef, im Alter von 60 Jahren in Berlin-Charlottenburg. Im April jenes Jahres veröffentlichte das Nachrichtenmagazin „Der Spiegel" eine Umfrage des Instituts für Publizistik der Universität Münster mit unerfreulichen Ergebnissen für die Knef. Bei der Frage „Welche Darsteller wollen sie nicht mehr sehen?" landete sie auf Platz 3. Ihr Film „Die Sünderin" kam bei der Frage „Welcher Film hat Ihnen besonders missfallen?" sogar auf Platz 1.

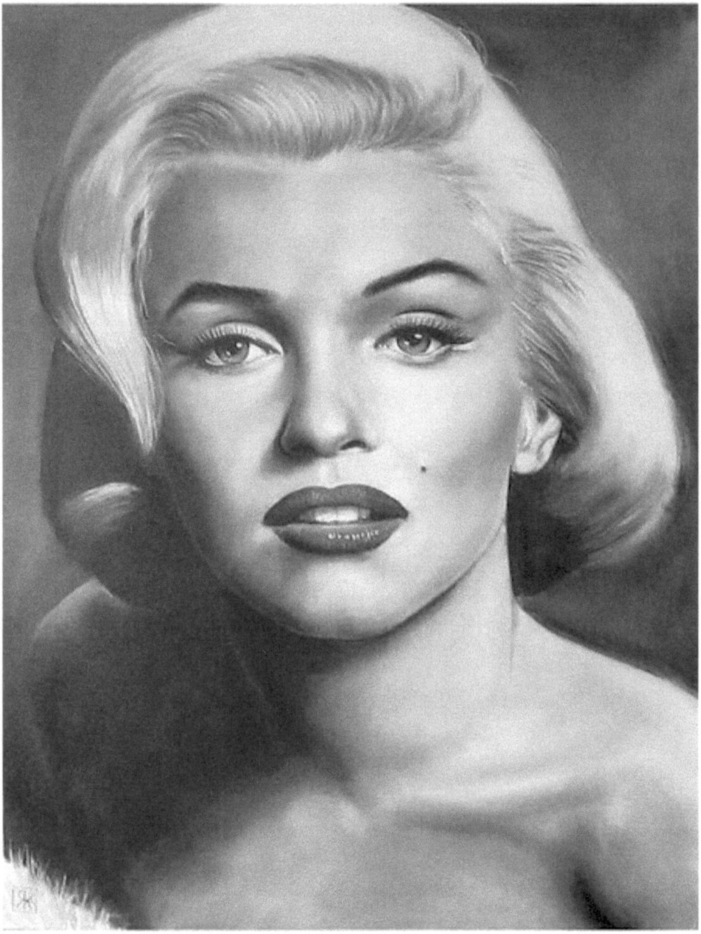

Marilyn Monroe (1926–1962),
Ölgemälde von Ralf Krampe aus dem Jahre 2005

Erfreulicher klang, was die deutsche Zeitschrift „Neue Revue" am 5. November 1952 schrieb. Sie bezeichnete Hildegard Knef als „den Weltstar des deutschen Films". Außerdem hieß es, stets fordere sie durch ihre Erscheinung und durch ihr Spiel Widerspruch oder Beifall heraus. Nur lauwarm lasse sie keinen. Zudem zitierte die „Neue Revue" die Hollywood-Klatschreporterin Edda Hopper: „Hildegarde Neff ist eine Sensation in Hollywood, weil sie nahezu völlig einen langen Traum der Filmleute erfüllt – nämlich eine zweite Garbo zu finden".
Im ersten Halbjahr 1953 begann die Freundschaft der Knef mit dem Herausgeber des in Hamburg erscheinenden Magazins „Stern", dem Publizisten Henri Nannen (1913–1996). Angeblich soll sich Nannen in sie verliebt und sogar ernsthaft darüber nachgedacht haben, sich von seiner Ehefrau scheiden zu lassen. Hildegard hatte damals in Hamburg-Poppenbüttel ein Haus gemietet. Bei der Premiere der englischen Fassung des Films „Die Sünderin" („The Sinner") im August 1953 in London war Nannen ihr Begleiter. Ein Londoner Boulevard-Blatt bezeichnete ihn übertriebenerweise als ihren „SS-Bodyguard".
Im Januar 1954 hatte Hildegard Knef ihren ersten Auftritt im deutschen Fernsehen. Man sah sie als Interviewpartnerin in der Sendung „Unsere ersten Gäste im neuen Jahr" des „Nordwestdeutschen Rundfunks" („NWDR") auf dem Bildschirm.

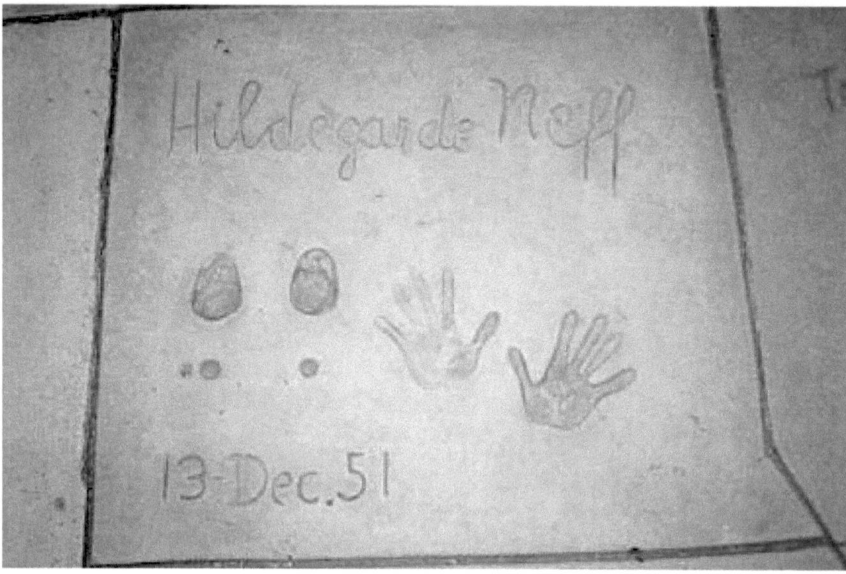

Hand- und Fußabdrücke von „Hildegarde Neff“
vom 13. Dezember 1951
vor Hollywoods legendärem Premierenkino,
dem „Grauman's Chinese Theatre“

Der entscheidende internationale Durchbruch als Schauspielerin gelang Hildegard Knef, als sie von 1954 bis 1956 in 576 Vorstellungen als Ninotschka in dem Musical „Silk Stockings" („Seidenstrümpfe") von Cole Porter in Philadelphia, Boston, Detroit und am Broadway in New York auftrat. Sie gilt als einzige deutsche Schauspielerin, die es bisher geschafft hat, in einer Hauptrolle am Broadway ein Debüt zu feiern. Allein in New York trat sie 478 Mal auf.
Cole Porter war durch die Interpretation zweier seiner Lieder im Film „The Snows of Kilimanjaro" („Schnee am Kilimandscharo", 1952) auf Hildegard Knef aufmerksam geworden. Während der fünfwöchigen Voraufführungen von „Silk Stockings" in Philadelphia erkrankte sie an Masern. Folgen dieser Krankheit waren Kurzsichtigkeit und ein Stimmbandriss sowie lebenslang zwei Knoten in den Stimmbändern.
Nach einem Streit mit dem Filmstudio „20th Century Fox" verließ Hildegard Knef im April 1956 die USA. Das konkurrierende Studio „MGM" hatte die Filmrechte von „Silk Stockings" erworben und wünschte sich die Knef für die Hauptrolle des gleichnamigen Films. Doch „Fox" erfüllte diesen Wunsch nicht, sondern beharrte darauf, dass die Knef zunächst die vertraglich vereinbarten Filme zu drehen habe, die sich wegen ihrer Verpflichtung an den Broadway verschoben hatten. Daraufhin packte die Knef ihre Koffer und kehrte mit ihrer Mutter nach

Europa zurück, wo sie sich ein Dreivierteljahr lang im „Berghüsli“ bei Sankt Moritz in der Schweiz erholte. Damals erfuhr sie die traurige Nachricht, dass ihr Anwalt und Manager den größten Teil ihrer Einnahmen für ihre Auftritte in „Silk Stockings“ veruntreut hatte und mit dem Geld nach Venezuela geflohen war. Der Vertragsbruch bei „Fox“ bedeutete für die Knef im Prinzip das Ende ihrer Filmkarriere in den USA. Ab November 1957 war sie mehrere Monate lang als Schauspielerin arbeitslos.

Als Flop erwies sich der Streifen „Madeleine und der Legionär“ (1957/1958), in dem Hildegard Knef mitwirkte und den sie hinterher als „Schwachsinn der Schwachsinne“ bezeichnete. Offenbar hatte sie damals den Zenit ihrer Filmkarriere bereits überschritten. Zeitweise war sie mit Herbert Reinecker, dem Drehbuchautor von „Madeleine und der Legionär“, liiert. Diese Affäre endete mit dem Rauswurf von Reinecker aus der Wohnung der Knef.

Bei Dreharbeiten in Brighton (England) für den britischen TV-Film „International Detective: The Carrington Case“ lernte Hildegard Knef im Mai 1959 den sieben Jahre jüngeren und damals noch verheirateten Briten griechischer Abstammung, David („Tonio“) Cameron kennen. Dieser fügte später seinem Familiennamen noch den zweiten Namen Pastalanga nach seinen griechisch-italienischen Vorfahren väterlicherseits hinzu.

Im Juli 1959 begleitete David Cameron bei den „Internationalen Filmfestspielen“ in Berlin die Knef zu ihrer Verleihung des Bundesfilmpreises („Filmband in Silber“) für die beste weibliche Nebenrolle in „Der Mann, der sich verkaufte“. Dies bewog die „Bild“-Zeitung zur Schlagzeile „Sünderin nun auch Ehebrecherin“.

1959 trat Hildegard Knef auch in der Fernsehshow „The Hildegarde Neff Show“ der „BBC“ auf. Im Winter 1959/1960 kam sie zu Dreharbeiten für ihren ersten italienischen Film „La Strada dei Giganti“ („Die Furchtlosen von Parma“, 1960) in der Cinecittá nach Rom. Damals zog sie sich eine schwere Virusinfektion zu, die von der deutschen Boulevardpresse als Selbstmordversuch gedeutet wurde. Wieder zurück in Berlin erkrankte sie an Gehirnhautentzündung.

Geldsorgen plagten Hildegard Knef im Herbst 1960. Kurz vor einem sechswöchigen Aufenthalt mit David Cameron in Tanger (Marokko) erfuhr sie, dass sie für die Jahre 1954 bis 1956 rund 65.000 US-Dollar Steuern an den US-Fiskus entrichten müsse. Ihr Agent Harry Heidemann wies darauf hin, dass sie nicht über die nötigen Mittel hierfür verfüge und empfahl ihr, möglichst viele Filme zu drehen. Im Winter 1960/1961 wurde die Knef – unter anderem wegen hoher Arztkosten für ihr kranke Mutter – gezwungen, ein Pfandhaus aufzusuchen. Für ihre letzten Wertsachen – einen Nerz und Schmuckstücke – erhielt sie 3.000 Mark.

Am 14. August 1961– einen Tag nach dem Bau der Berliner Mauer – zogen Hildegard Knef und ihr Lebensgefährte David Cameron in eine Wohnung in Pöcking am Starnberger See in Bayern. Zwei Tage vor Weihnachten 1961 starb die Mutter der Knef im Alter von 64 Jahren in München an Krebs.
Nach zehnjähriger Pause nahm Hildegard Knef im April 1962 wieder Schallplatten in Deutschland auf. Zuvor hatte sie einen Vertrag mit „Telefunken -Decca" („Teldec") unterzeichnet. Mit „Er war nie ein Kavalier" und „Der Mann mit der Mundharmonika" startete sie ihre neue Karriere als Schlager bzw. Chansonsängerin.
Am 30. Juni 1962 heiratete Hildegard Knef in Percha am Starnberger See ihren Geliebten David Cameron, der zu diesem Zeitpunkt seit acht Wochen geschieden war. Anschließend zog das Paar in eine neue Villa mit 16 Zimmern in Percha ein. 1965 erfolgte ein Umzug ins nahe gelegene Wolfratshausen und später in die „Villa Birkenhof" in Kempfenhausen am Starnberger See.
Bei Dreharbeiten in Frankreich im Sommer 1962 freundete sich Hildegard Knef mit dem französischen Modeschöpfer Pierre Balmain an. Er entwarf ihr Kleider für Tourneen in den Jahren 1966 und 1968.
1963 veröffentlichte Hildegard Knef ihrer erste Langspielplatte (LP) mit dem Titel „So oder so ist das Leben". Diese LP erreichte Platz 8 in den deutschen Charts. In deutschen Single-Charts kam sie mit „Aber schön war es doch" (1963), „Mackie-Messer" (1963) und „Eins

und eins, das macht zwei" (1964). Als Chansonsängerin erhielt sie erste Shows im deutschen Fernsehen. 1965 verfasste sie erstmals einen eigenen Liedtext. Dieser trug den Titel „Werden Wolken alt?" Ein Riesenerfolg wurde auch ihre LP „Ich seh die Welt durch deine Augen" (1966) mit eigenen Texten. In jenem Jahr ging sie erstmals auf Konzertournee.

Am 16. Mai 1968 brachte die damals 42 Jahre alte Hildegard Knef in München-Gräfelfing ihre Tochter Christina Antonia („Tinta") durch eine Kaiserschnittentbindung zur Welt. Die Geburt erfolgte etwa sieben Wochen zu früh. Kurzzeitig schwebte die Knef in Lebensgefahr. Durch die Bluttransfusion bei der Notgeburt infizierte sie sich mit dem Hepatitis-Virus. „Tinta" litt wegen Sauerstoffmangel seitdem an zerebraler Kinderlähmung. Erst nach vier Wochen konnte die Knef ihre kleine Tochter, die kein Wunschkind war, erstmals durch eine Glasscheibe sehen und nach sechs Wochen erstmals im Arm halten.

Im Herbst 1968 gab Hildegard Knef insgesamt 40 Konzerte in 32 Städten. Für drei Millionen verkaufte Langspielplatten verlieh man ihr am 13. November 1968 im „Deutschen Museum" in München die „Goldene Schallplatte". Außerdem wurde sie als beste deutschsprachige Sängerin des Jahres 1968 ausgezeichnet. Innerhalb weniger Jahre sind mehrere Millionen ihrer Langspielplatten verkauft worden. Für ihr bekanntestes Lied „Für mich soll's rote Rosen regnen“ (1968) und etwa 80 weitere schrieb sie selbst den Text.

Ella Fitzgerald (1917–1996), die „Königin des Jazz“, hielt Hildegard Knef für die „beste Sängerin ohne Stimme“. Im Online-Lexikon „Wikipedia“ wurde sie mit den Worten gelobt: „Das rauchige Organ, die präzise, zuweilen schnoddrige, dabei aber durchweg gefühlvolle Art des Vortrags machten die Knef zu einer einzigartigen Erscheinung in der deutschsprachigen Unterhaltungsmusik“. Ihre Wirkung sei durch erstklassige Begleitbands noch gesteigert worden.

Im März 1969 arbeitete Hildegard Knef in ihrer Villa „Birkenhof“ in Kempenhausen am Starnberger See (Bayern) und in der Villa „Belvair“ in Sankt Moritz (Schweiz) an ihrem Buchmanuskript „Der geschenkte Gaul“ weiter. Ende 1969 zog sie wegen Fön-Überempfindlichkeit in die „Chesa Bodmer“ in Samedan im Engadin (Schweiz). Damals erhielt sie Morddrohungen und deswegen die Erlaubnis, eine Pistole zu besitzen. Zwei Bodygards beschützten mehrere Jahre lang sie und ihre Tochter.

1970 erschien die ehrliche Lebensbeichte der Knef in dem Buch „Der geschenkte Gaul“. An diesem Werk hatte sie jahrelang gearbeitet. Man übersetzte es in 17 Sprachen und verkaufte weltweit vier Millionen Exemplare davon. „Der geschenkte Gaul“ gilt als international erfolgreichstes Buch eines deutschen Autors seit 1945. Der Titel führte die Bestseller-Liste

des Hamburger Nachrichtenmagazins „Der Spiegel“ an. Ein Jahr lang stand er auf der Bestseller-Liste der „New York Times“, davon 18 Wochen auf Platz 1. Beim Signieren von schätzungsweise 60.000 Exemplaren in rund 200 Buchhandlungen bekam die Knef regelrecht Schwielen an den Händen.
1971 erschienen die Musikalben „Ich brauch Tapetenwechsel“ und „Worum geht es eigentlich?“. Sie wurden von Hans Hammerschmid und Les Humphries vertont. Künstlerisch gehören diese pop-beeinflussten Werke zu den Besten der Knef, finanziell waren sie dagegen weniger erfolgreich als ihre früheren Alben.
Gegen Ende des Jahres 1971 hatte die damals 47-jährige Hildegard Knef offenbar vom Filmen die Nase voll. Das US-Filmmagazin „Variety“ berichtete am 29. Dezember 1971, die Knef habe erklärt, sie werde nie wieder einen Film drehen, es sein denn, Armut zwinge sie dazu.
Im Frühjahr 1971 erlebten Hildegard Knef und ihr Ehemann David Cameron bange Stunden. Nach einem Blutsturz von Hildegard am 18. April 1972 brachte David sie mit dem Auto nach Basel, wo die Knef zweimal operiert wurde. Beim ersten Eingriff entfernte man die Gebärmutter, beim zweiten am 3. Mai 1972 einen Teil des Darms, nach einem Verschluss wegen einer aktuten Bauchhöhlenentzündung. Die beiden Operationen wurden durch Blutgerinnungsstörungen verkompliziert, an denen die Knef seit der Geburt ihrer Tochter litt.

Ärzte befüchteten bereits das Schlimmste. Damals erfolgten erste hoch dosierte Morphiuminfusionen. Kurz danach erkrankte die Knef an Brustdrüsenkrebs.
Am 6. August 1973 ging die medizinische Leidensgeschichte von Hildegard Knef weiter. In Salzburg musste ihre linke Brust amputiert werden. Danach erlitt sie Verbrennungen wegen starker Kobaltbestrahlungen.
Im Herbst 1973 gab Hildegard Knef bei ihrem Verlag Fritz Molden ihren zweiten Roman ab. Doch kurz danach vernichtete sie das 360 Seiten umfassende Buchmanuskript. Später erklärte sie hierzu, es habe sich um einen nicht-autobiografischen Roman über zwei Männer gehandelt, von denen der Eine ein pathologischer Lügner gewesen sei.
„Für Verdienste um die Anerkennung der Bundesrepublik Deutschland in der Welt" erhielt Hildegard Knef im Januar 1975 das Bundesverdienstkreuz Erster Klasse. Diese hohe Auszeichnung überreichte ihr in Wien der deutsche Botschafter in Österreich.
Großes Aufsehen erregte der Bestseller „Das Urteil" (1975), in dem Hildegard Knef ungeschminkt ihre Krankengeschichte mit 56 Operationen schilderte. In der deutschen Presse diskutierte man heftig darüber, ob man auf diese Weise öffentlich über seine Krebserkrankung sprechen dürfe. Für „Das Urteil" erhielt die Knef den „Mark-Twain-Preis". Gedichte von ihr druckte man sogar in Schweden und in Finnland ab.

Ungeachtet ihrer angegriffenen Gesundheit drehte Hildegard Knef im Herbst 1975 den melodramatischen Film „Jeder stirbt für sich allein“ des deutschen Schriftstellers Hans Fallada (1893–1947). Dafür sprach man ihr 1976 den Schauspielerpreis des Filmfestivals von Karlovy Vary (Karlsbad) zu. 1975 verlieh man ihr das „Bundesverdienstkreuz 1. Klasse“.

Am 4. Juni 1976 erfolgte in Wels (Österreich) die Scheidung der Ehe von Hildegard Knef mit David Cameron. Ihre zweite Ehe hatte 14 Jahre lang gedauert. Die Presse hatte bereits im Oktober 1975 berichtet, dass die Knef ihren Mann aus ihrer Hotelsuite geworfen habe.

Nach dem Wegzug aus einer Mühle am Traunsee in Österreich lernte Hildegard Knef durch ihre Freundin Baronin von Lazar den 15 Jahre jüngeren Paul von Schell, eigentlich Paul Rudolf Freiherr von Schell zu Bauschlott, aus einem alten deutsch-ungarischen Adelsgeschlecht, kennen. Schell hatte sich als Regieassistent, Synchronsprecher, Kleindarsteller und Übersetzer betätigt.

Im August 1976 soll es in der Berliner Discothek „Annabelle's“ zwischen Hildegard Knef und Paul von Schell „gefunkt“ haben. Weihnachten 1976 bat der Freiherr die Knef, sie solle seine Frau werden. Am 1. Juni 1977 heirateten die Beiden in Berlin-Charlottenburg. Acht Tage zuvor hatte der Ex-Gatte David Cameron die Österreicherin Dorothea Gräfin Lamberg

(„Pumpi“) geehelicht. Lange Zeit befüchtete die Knef, ihr früherer Mann Cameron könne ihr die gemeinsame Tochter „Tinta“ wegnehmen.
Im Oktober 1977 musste sich die neunjährige Tochter „Tinta“ der Knef im Lindenhof-Spital von Bern wegen ihrer Muskelschwäche einer komplizierten neunstündigen Becken-Operation unterziehen. Damals alterte die Knef nach eigenen Angaben um zehn Jahre, was sie bewog, sich liften zu lassen. In einem Interview des Magazins „Das Neue Blatt“ berichteten die Knef und ihr Mann über ihre hohen Ausgaben und ihre Geldsorgen.
Für hervorragendes und langjähriges Wirken im deutschen Film überreichte man Hildegard Knef 1977 das „Filmband in Gold“. Ebenfalls 1977 gab ihr der aus Wien stammende Regisseur und Produzent Billy Wilder neben internationalen Stars die Hauptrolle in „Fedora“, der 1978 in die Kinos kam. Diesen Streifen befand sie so schlecht, dass man es nicht in Worte fassen könne.
Im Mai 1978 erschien ein weiteres Buch von Hildegard Knef mit dem Titel „Nichts als Neugier. Interviews zur Parapsychologie“. Wegen ihrer Krankheiten hatte sie manchmal Geistheiler bemüht.
Am 19. März 1979 unterzog sich Hildegard Knef in der Berliner Schloßparkklinik einer Gallenoperation. 1979 stand sie für den satirischen Spielfilm „Warum die Ufos uns den Salat klauten?“ vor der Kamera.

Im März 1980 stellte sich die Knef nach einem Face-Lifting, das der Schweizer Schönheitschirurg Rodolphe Meyer bereits im Dezember 1979 in Lausanne (Schweiz) vorgenommen hatte, mit einem „neuen Gesicht“ vor. Gegenüber der Zeitschrift „Bunte“ erklärte sie, sie sei es ihrem Publikum schuldig, ansehnlich auszusehen, wenn sie auf die Bühne komme.

Mitte September 1980 startete die Knef eine geplante „Welttournee“, die anderthalb bis zwei Jahre lang dauern sollte. Doch diese Tournee mit 70 Konzerten führte nicht durch die ganze Welt, sondern nur durch Deutschland, Österreich und die Niederlande, wo die Säle teilweise halbleer blieben. Zur Fortsetzung in den USA, Kanada, Südamerika, Australien und Japan kam es nicht.

Um 1980 litt Hildegard Knef sehr unter dem Presserummel über ihre Krankheiten, ihren Scheidungskrieg, ihr Face-Lifting und ihre misslungenene Welttourne.

Im Februar 1982 hatte die Knef einen körperlichen Zusammenbruch. Als Ursache hierfür wurde ihre Abhängigkeit von einem Morphiummedikament genannt. Dank einer Schlafkur wurde sie wieder geheilt. Im Mai 1982 meldete Fritz Molden, der ehemalige Verleger der Knef, Konkurs an.

In „Der Gärtner von Toulouse“ sah man Hildegard Knef 1982 wieder auf dem Bildschirm.

Im August 1982 kam das Buch der Knef „So nicht“ auf den Markt. Dieses Werk war weniger erfolgreich

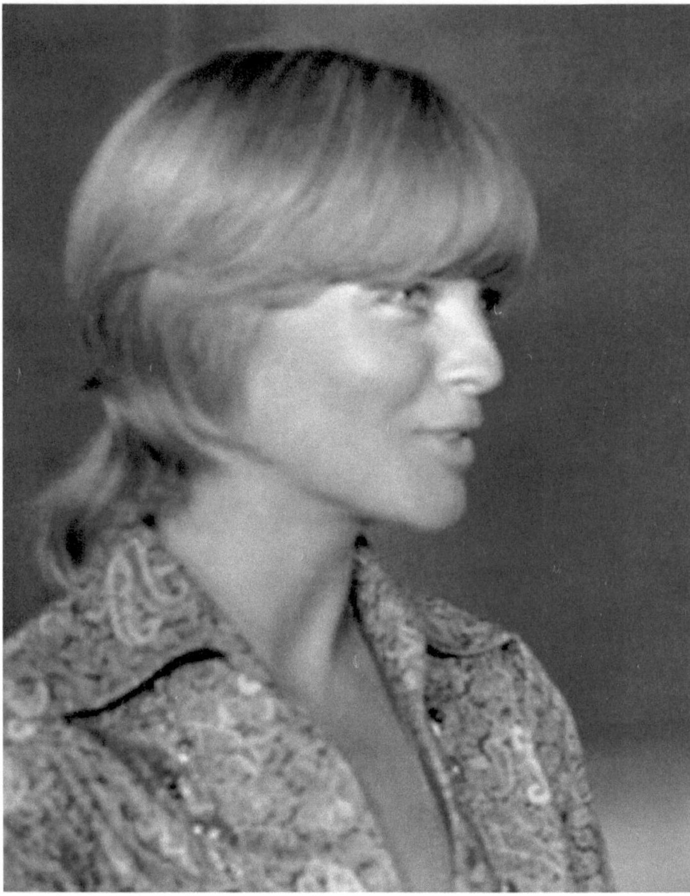

Romy Schneider (1938–1982)

als seine Vorgänger und wurde nur in die niederländische Sprache übersetzt.
Am 7. Oktober 1982 erschien in der deutschen Zeitschrift „Bunte“ eine von Hildegard Knef in zweimonatiger Arbeit geschriebene zehnteilige Artikelserie über das Leben der kürzlich verstorbenen Schauspielerin Romy Schneider (1938–1982). Diese Serie trug den Titel „Weißt du noch, Romy?“ und brachte der Knef ein Honorar von 160.000 D-Mark ein. Sechs Tage später erhob Magda Schneider, die Mutter von Romy, in der „Bild“-Zeitung schwere Vorwürfe gegen die Knef. Diese habe gelogen und fälschlicherweise behauptet, Romys Freundin zu sein. Die deutsche Boulevard-Presse warf der Knef vor, sie habe sich am Tod der Kollegin bereichern wollen.
Im November 1982 erschienen in Deutschland weitere negative Artikel über Hildegard Knef. Die Zeitschrift „Neue Revue“ veröffentlichte ein Interview mit ihr unter der Überschrift „Erst Millionen abkassiert, dann die Fans beleidigt. Das wahre Gesicht der Hildegard Knef“. Kurze Zeit später bezog sich die „Bild“-Zeitung auf dieses Interview und schrieb „Knef: Ich hasse alle Deutschen“.
Ende 1982 zog Hildegard Knef mit ihrem Ehemann Paul von Schell und ihrer 14-jährigen Tochter „Tinta“ von Berlin-Grunewald in ihre Mietvilla in Hollywood um. Dort unterzog sich die Knef mehreren komplizierten Kieferoperationen.

Nach dem Presserummel in ihrem Heimatland war die Knef für die nächsten Jahre im deutschsprachigen Gebiet abgeschrieben. Verwundert erfuhr man in Deutschland, dass ihr die Presse in Los Angeles Schlagzeilen wie „Hildegarde Neff back to Hollywood" und mehrseitige Berichte widmete.
1983 veröffentlichte Hildegard Knef ihr letztes Buch unter dem Titel „Romy – Betrachtung meines Lebens". Diese Biografie der Schauspielerin Romy Schneider basierte auf der erwähnten zehnteiligen Artikelserie der Knef für die Zeitschrift „Bunte".
Nach sechsjähriger Drehpause spielte die Knef in dem deutschen Film „Flügel und Fesseln" (1984) von Helga Sanders-Brahms eine Großmutter. Die Dreharbeiten hierfür hatten im Januar 1984 in der Normandie (Frankreich) begonnen. Im Juni 1984 unterzog sich die Knef in Kalifornien einer schweren Darmoperation.
Anlässlich des 60. Geburtstages von Hildegard Knef sendete das „Zweite Deutsche Fernsehen" („ZDF") 1985 das TV-Porträt „Nein, ich gebe niemals auf" von Ottokar Runze.
Im Januar 1986 unternahm die Knef eine Deutschlandtournee als Chansonsängerin. 1987 feierte sie als Zimmerwirtin in dem Musical „Cabaret" im „Berliner Theater des Westens" einen Erfolg.
Erfreuliches im Privatleben von Hildegard Knef gab es am 6. März 1988. An jenem Tag heiratete ihre Tochter Christina in Beverly Hills (Los Angeles) in Kalifornien

den 19 Jahre älteren amerikanischen Filmstudio-Manager von „Warner Bros.“, Peter R. Gardiner.
Am 4. Dezember 1988 feierte Hildegard Knef in Berlin einen Achtungserfolg als Malerin. Das „Hotel Berlin“ präsentierte ihre erste Ausstellung mit 40 eigenen Gemälden unter dem Titel „Los Angeles — Eindrücke zwischen Armut und Reichtum“. Diese Werke waren in den drei Jahren zuvor entstanden. Ein Gemälde hatte sie sogar erst am Tag vor ihrem Flug nach Deutschland fertiggestellt. Diese Aussstellung sah man später auch in München und in Erlenbach bei Zürich.
Bei Dreharbeiten in St. Martin an der französischen Atlantikküste für den Fernsehfilm „In inniger Feindschaft“ (1990) im Herbst und Winter 1989 spielte die Knef eine Hundertjährige. Dabei stand sie zusammen mit Inge Meysel (1910–2004) vor der Filmkamera. Die Dreharbeiten wurden durch einen folgenschweren Autounfall überschattet, bei dem die Knef eine Gehirnquetschung erlitt und sechs Wochen ausfiel.
Während der Dreharbeiten in Frankreich erfuhr Hildegard Knef im Fernsehen vom Fall der Berliner Mauer. Kurz nach diesem Ereignis entschloss sie sich zur Rückkehr aus den USA nach Deutschland. Die Mietvilla in Hollywood, in der die hochverschuldete Knef gewohnt hatte, wurde zwangsgeräumt. In Deutschland zog sie in eine bescheidene Dachgeschosswohnung in München-Bogenhausen. Der Umzug über

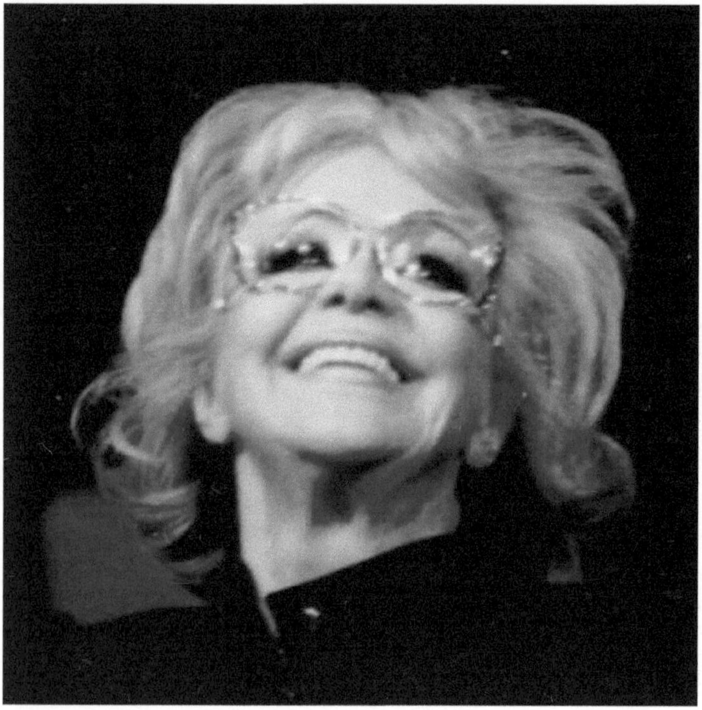

Hildegard Knef bei ihrem letzten Konzert am 5. März 1995 in Berlin

den Jahreswechsel 1989/1990 musste wegen hoher Schuldenstände und gesperrter Konten mit 15.000 D-Mark von der Armenhilfe des „Paul-Klinger-Sozialwerks" finanziert werden.
Im März 1992 trat Hildegard Knef in der Gameshow „Alles oder nichts" des deutschen Fernsehsenders „RTL" auf. Hinterher spekulierte die Boulevardpresse, ob sie ein Alkoholproblem habe. Am 10. Mai 1992 enthüllte die Berliner Zeitung „B.Z.", die Knef sei seit ihrer Krebsoperation 1973 morphiumsüchtig.
1992 veröffentlichte Hildegard Knef nach fünfjähriger Pause ihre erste Single. Dabei handelte es sich um eine Neuinterpretation ihres Hits „Für mich soll's rote Rosen regnen" mit der Rockband „Ehrenbreit".
Ab Ende Oktober 1993 erhielt Hildegard Knef mehrere Monate lang Polizeischutz vor ihrer Wohnung in München. Dies geschah wegen anonymer Erpresserbriefe. Im Dezember 1994 zog die Knef wegen Föhn-Überempfindlichkeit von München nach Berlin. Anfangs wohnte sie bei Freunden, ab Juli 1995 in einer Suite des Hotels „Schweizerhof".
Zum 70. Geburtstag von Hildegard Knef kam 1995 ein 90-minütiger Dokumentarfilm mit dem Titel „Für mich soll's rote Rosen regnen" über ihre internationale Karriere in die Kinos und ins Fernsehen. Damals erhielt sie zahlreiche Ehrungen und große Anerkennung für ihr Lebenswerk. Außerdem spielte sie kleine Nebenrollen im Fernsehen und trat als legendärer Film- und

Chansonstar in Fernsehshows und Talkshows auf.

Ab 4. Januar 1996 lag Hildegard Knef wegen doppelseitiger Lungenentzündung und nach einem Kreislaufkollaps vier Wochen lang im Martin-Luther-Krankenhaus in Berlin-Schmargendorf. Vier Tage lang befand sie sich im Koma. Zeitweise schwebte sie in Lebensgefahr. Als es ihr wieder besser ging, gab die Knef Exklusiv-Interviews für die Berliner Zeitung „B.Z." und das TV-Magazin „Brisant". Dabei gestand sie, im Laufe ihrer künstlerischen Karriere insgesamt 35 Millionen D-Mark verloren und nun 250.000 D-Mark Schulden zu haben. Ihr Eheman Paul von Schell erklärte: „Wir sind pleite".

1997 wurde Hildegard Knef vom Filmmuseum Potsdam mit einer Ausstellung privater und öffentlicher Lebensbilder geehrt. Am 31. Juli jenes Jahres feierte die Knef in Leipzig ihre Premiere als Modeschöpferin: Sie präsentierte ihre Frühjahr-Sommer-1998-Ideen für aktive, älter werdende Frauen.

Unter dem Titel „17 Millimeter" erschien 1999 die von Till Brönner produzierte letzte LP von Hildegard Knef. Damit erreichte sie einen Achtungserfolg und platzierte sich in den Charts, was ihr seit 1969 nicht mehr gelungen war.

Eine schwere Bronchitis von Hildegard Knef erforderte am 4. Februar 2000 einen Krankenhausaufenthalt im Berliner „Rudolf-Virchow-Klinikum". Ärzte diagnosti-

zierten damals ihre allgemeinen Atemprobleme als Lungenemphysem. Im „Axel-Springer-Verlag“ in Hamburg nahm sie am 1. März 2000 persönlich die „Goldene Kamera“ für ihr Lebenswerk entgegen.
Am 28. Dezember 2000 feierte Hildegard Knef ihren 75. Geburtstag. Einen Monat später gratulierte ihr dazu nachträglich der deutsche Bundeskanzler Gerhard Schröder im Berliner Hotel „Intercontinental“. Er half ihr dabei, wieder einen deutschen Pass zu erhalten.
Im Mai 2001 erlitt Hildegard Knef einen Lungenkollaps mit Nieren- und Leberversagen. Deswegen musste sie drei Monate in der Intensivstation der „Behring-Lungenklinik“ in Berlin-Wannsee verbringen. Drei Wochen lang lag sie im Koma. Bei einer Operation wurde ihr ein Teil ihrer Lunge entfernt. Danach musste sie ständig mit einem Sauerstoffgerät leben. Ihr Ehemann Paul von Schell organisierte einen Umzug nach Kleinmachnow südlich von Berlin.
Am 27. Juni 2001 ging ein sehnlicher Wunsch der Knef in Erfüllung. Sie war nun wieder offiziell deutsche Staatsbürgerin. Bereits im November 1972 hatte sie gegenüber der Zeitschrift „Frau im Spiegel“ erklärt, dass sie wieder Deutsche werden wolle. Deutschland sei immer ihre Heimat geblieben.
Ihren letzten öffentlichen Auftritt erlebte die Knef in der „Johannes-B.-Kerner-Show“ des „ZDF“ am 17. Januar 2002. Dabei verriet sie, sie habe gar keine Lust dauernd zu kämpfen.

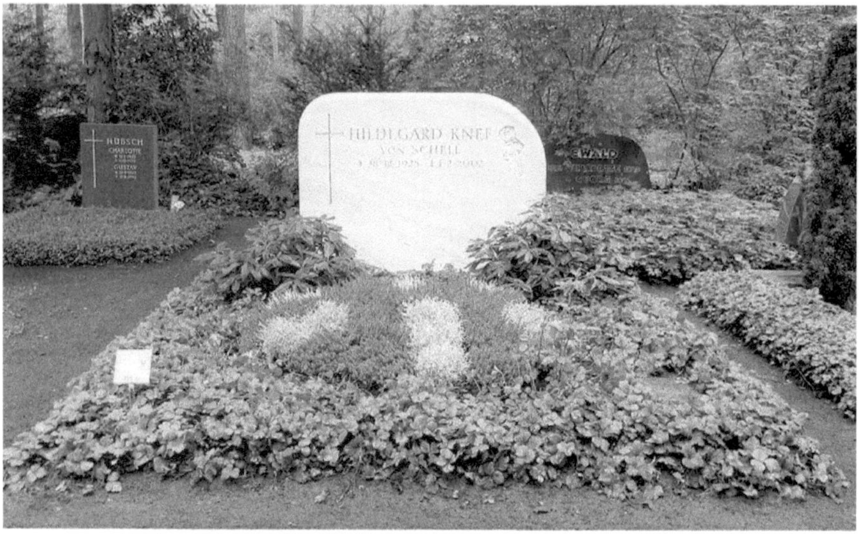

Ehrengrab von Hildegard Knef
auf dem Waldfriedhof Berlin-Zehlendorf

Am 31. Januar 2002 gegen 9 Uhr morgens brachte man Hildegard Knef bewusstlos in die Zentralklinik Emil von Behring, Department Lungenklinik Heckeshorn, in Berlin-Wannsee. Dort starb sie in der Nacht auf den 1. Februar 2002 gegen 2 Uhr im Alter von 76 Jahren an einer akuten Lungenentzündung. Bundespräsident Johannes Rau und Bundeskanzler Gerhard Schröder übermittelten dem Witwer Paul von Schell ihr Beileid. Am 7. Februar 2002 erfolgten die Trauerfeier in der Kaiser-Wilhelm-Gedächtniskirche und die Beisetzung auf dem Waldfriedhof Berlin-Zehlendorf in einem Ehrengrab der Stadt Berlin. Im September 2002 wurde nach einem Entwurf des Witwers Paul von Schell der Stein für das Grab der Knef errichtet.

2002 zierte ein gezeichnetes Porträt von Hildegard Knef eine Briefmarke im Nennwert von 55 Cent aus der Serie „Frauen der deutschen Geschichte". 2003 wurde die Musical-fassung ihrer Autobiografie „Der geschenkte Gaul" in Wilhelmshaven uraufgeführt. Am 17. Dezember 2007 erhielt der westliche Vorplatz des Fernbahnhofs Berlin-Südkreuz den Namen Hildegard-Knef-Platz. Am 12. März 2009 kam der Film „Hilde" in die Kinos. Am 10. September 2010 ehrte man Hildegard Knef mit einem Stern auf dem „Boulevard der Stars" in Berlin.

Auch im Internet genießt die Knef große Aufmerksamkeit. Auf der „Hildegard Knef Homepage" ist zu lesen, dass die 1,68 Meter große Blondine mit grünen

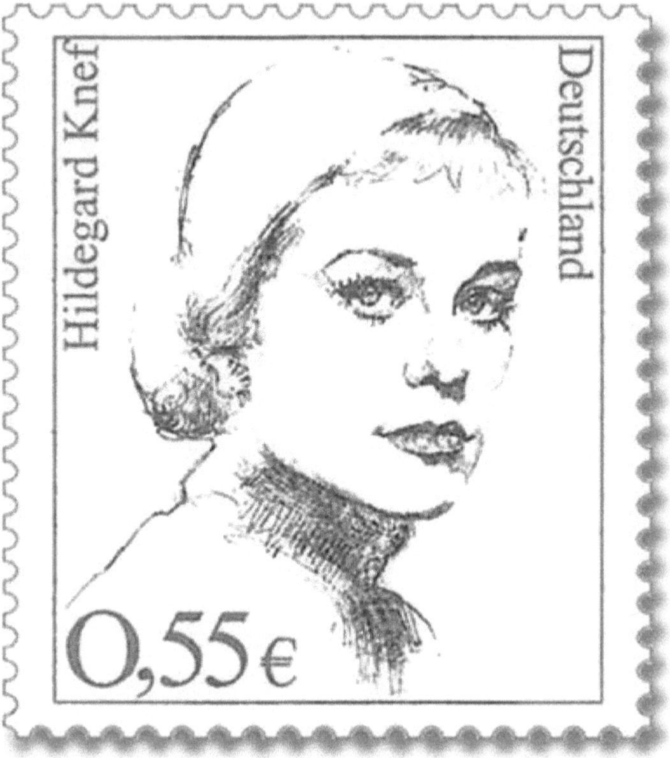

Hildegard Knef auf einer Briefmarke von 2002
im Nennwert von 55 Cent

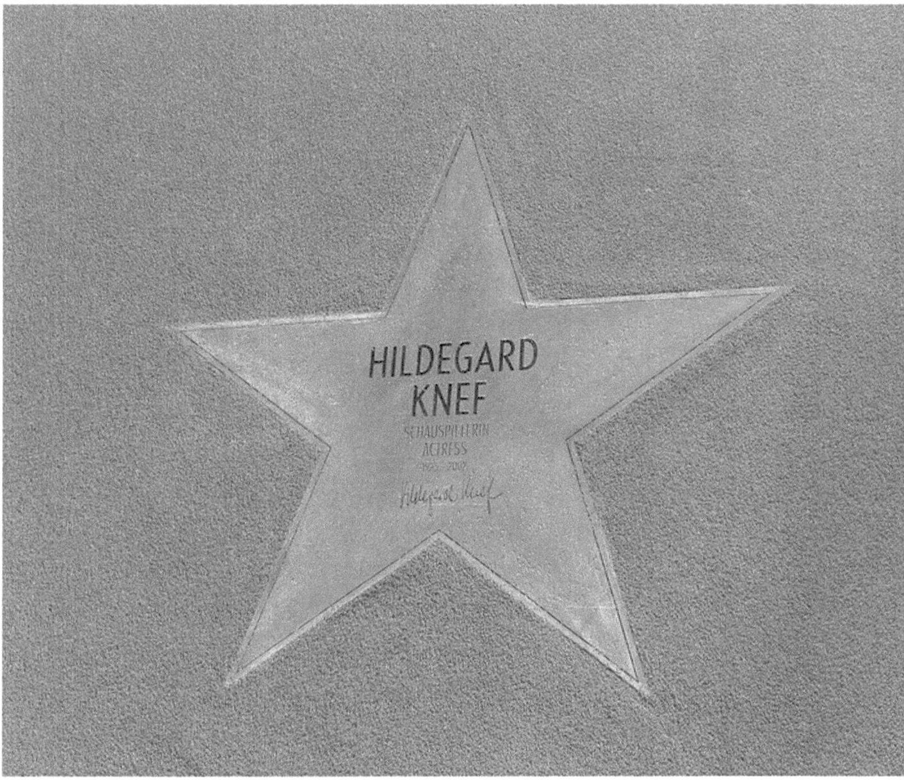

Stern von Hildegard Knef
auf dem „Boulevard der Stars" in Berlin

Augen als Theaterschauspielerin in 15 Stücken auf der Bühne stand, als Filmschauspielerin in 49 Kinofilmen mitwirkte, als Sängerin 23 Original-Alben veröffentlichte und als Schriftstellerin sieben Bücher schrieb.

Literatur

ANDREE, Axel: Die Knef, München 2000
DER SPIEGEL: „Fritz komm', wir gehen!" Hildegard Knef über Skandale, Erfolge des Schreibens, das Singen, das Altern, Hamburg, 25. Dezember 1995
FEMBIO Frauen-Biographie-Forschung http://www.fembio.org
HEINZLMEIER, Adolf / SCHULZ, Bernd / WITTE, Karsten: Die Unsterblichen des Kinos, Band 2, Glanz und Mythos der Stars der 40er und 50er Jahre, Frankfurt am Main 1980
KNEF, Hildegard: Der geschenkte Gaul. Bericht aus einem Leben, Wien 1970
KNEF, Hildegard: Ich brauch Tapetenwechsel, Wien 1972
KNEF, Hildegard: Das Urteil oder der Gegenmensch, München 1975
KNEF, Hildegard (mit Hans Kossatz): Heimweh-Blues, Berlin 1976
KNEF, Hildegard: So nicht, Hamburg 1982
KNEF, Hildegard: Romy. Betrachtung eines Lebens, Hamburg 1983
KUSZTRICH, Imre: Ich bin kein Mannequin für Krebs – Reden, fühlen, zittern mit Hildegard Knef, Neusiedl 2011

PROBST, Ernst: Superfrauen 7 – Film und Theater, Mainz-Kostheim 2001
PROBST, Ernst: Königinnen des Films, München 2012
PROBST. Ernst: Königinnen des Theaters, München 2012
ROEK, Petra: Fragt nicht warum: Hildegard Knef – die Biografie, Hamburg 2009
SANNWALD, Daniela / JASPERS, Christina / MÄNZ, Peter (Herausgeber): Hildegard Knef. Eine Künstlerin aus Deutschland, Berlin 2005
SCHELL, Paul von: Hilde. Meine Liebeserklärung an Hildegard Knef, Berlin 2003
SCHRÖDER, Christian: Hildegard Knef. Mir sollten sämtliche Wunder begegnen. Biographie, Berlin 2004
TRIMBORN, Jürgen: Hildegard Knef. Das Glück kennt nur Minuten, München 2005
WEINSCHENK, H. E.: Künstler plaudern: Hildegard Knef, Hamburg 1954
WEISSBARTH, Eberhard: Hildegard Knef – zwischen gestern und heute, Weitra 2011
WIKIPEDIA (Online-Lexikon) http://wikipedia.org

Bildquellen

Klaus Benz, Fotograf, Mainz-Laubenheim: 56

Deutsche Post AG (Urheber: Professor Gerd Aretz und Oliver Aretz im Auftrag der Deutschen Post AG bzw. Bundesministerium für Finanzen): 48

Deutsche Fotothek/CC-BY-SA3.0 (Fotos von Abraham Pisarek, 1901–1983): 1, 4, 6 (via Wikimedia Commons), lizensiert unter CreativeCommons-Lizenz by-sa-3.0-de http://creativecommons.org/licenses/by-sa/3.0/de/legalcode

Bundesarchiv, B 145 Bild-F034159-0008/Engelbert Reineke/CC-BY-SA: 16 (via Wikimedia Commons), lizensiert unter CreativeCommons-Lizenz by-sa-3.0-de http://creativecommons.org/licenses/by-sa/3.0/de/legalcode

Bundesarchiv, B 145 Bild-F0034157-0009/Engelbert Reineke/CC-BY-SA: 38 (via Wikimedia Commons), lizensiert unter CreativeCommons-Lizenz by-sa-3.0-de http://creativecommons.org/licenses/by-sa/3.0/de/legalcode

Bundesarchiv, Bild 183-C05765/Müller/CC-BY-SA (ADN-Zentralbild/Archiv, Foto: Müller): 12 (via Wikimedia Commons), lizensiert unter CreativeCommons-Lizenz by-sa-3.0-de http://creativecommons.org/licenses/by-sa/3.0/de/legalcode

Bundesarchiv, Bild 183-S01144/CC-BY-SA (Gustaf Gründgens in der Titelrolle von „Hamlet" im Staatlichen Schauspielhaus, Berlin, am 21. Januar 1936): 18 (via Wikimedia Commons), lizensiert unter CreativeCommons-Lizenz by-sa-3.0-de http://creativecommons.org/licenses/by-sa/3.0/de/legalcode

Ralf Krampe/CC-BY-SA2.0: 24, Ölgemälde von 2005, http://www.ralf-krampe.kulturserver-nrw.de (via Wikimedia Commons), lizensiert unter CreativeCommons-Lizenz by-sa/2.0.de http://creativecommons.org/licenses/by-sa/2.0.de/legalcode

Library of Congress, Print and Photographs Division, George Grantham Bain Collection, Washington: 8

Drache-vom-Grill: 26 (via Wikimedia Commons), Lizenz: gemeinfrei

Drache-vom-Grill/CC-BY-SA3.0: 42 (via Wikimedia Commons), lizensiert unter CreativeCommons-Lizenz by-sa-3.0-de
http://creativecommons.org/licenses/by-sa/3.0/legalcode

OTFW, Berlin/CC-BY-SA3.0: 46 (via Wikimedia Commons), lizensiert unter CreativeCommons-Lizenz by-sa-3.0-de
http://creativecommons.org/licenses/by-sa/3.0/legalcode

Times/CC-SA3.0: 49 (via Wikimedia Commons), lizensiert unter CreativeCommons-Lizenz by-sa-3.0-de
http://creativecommons.org/licenses/by-sa/3.0/legalcode

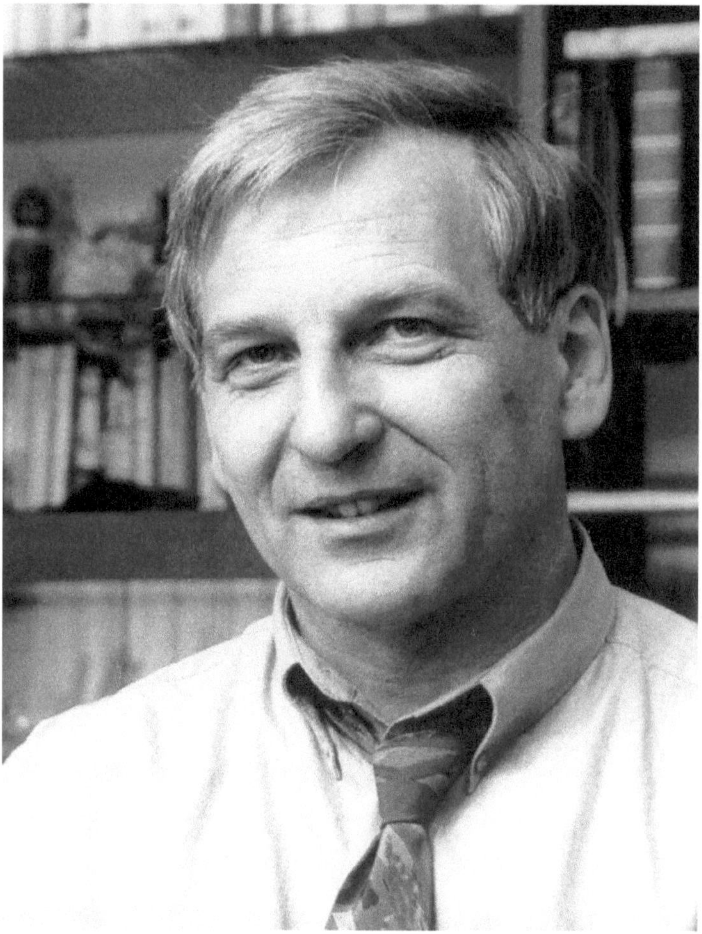

Autor Ernst Probst

Der Autor Ernst Probst

Ernst Probst, geboren am 20. Januar 1946 in Neunburg vorm Wald im bayerischen Regierungsbezirk Oberpfalz, ist Journalist und Wissenschaftsautor. Er arbeitete von 1968 bis 1971 als Redakteur bei den „Nürnberger Nachrichten", von 1971 bis 1973 in der Zentralredaktion des „Ring Nordbayerischer Tageszeitungen" in Bayreuth und von 1973 bis 2001 bei der „Allgemeinen Zeitung", Mainz. In seiner Freizeit schrieb er Artikel für die „Frankfurter Allgemeine Zeitung", „Süddeutsche Zeitung", „Die Welt", „Frankfurter Rundschau", „Neue Zürcher Zeitung", „Tages-Anzeiger", Zürich, „Salzburger Nachrichten", „Die Zeit", „Rheinischer Merkur", „Deutsches Allgemeines Sonntagsblatt", „bild der wissenschaft", „kosmos", „Deutsche Presse-Agentur" (dpa), „Associated Press" (AP) und den „Deutschen Forschungsdienst" (df). Aus seiner Feder stammen die Bücher „Deutschland in der Urzeit" (1986), „Deutschland in der Steinzeit" (1991), „Rekorde der Urzeit" (1992), „Dinosaurier in Deutschland" (1993 zusammen mit Raymund Windolf) und „Deutschland in der Bronzezeit" (1996). Von 2001 bis 2006 betätigte sich Ernst Probst als Buchverleger sowie zeitweise als internationaler Fossilienhändler und Antiquitätenhändler. Insgesamt veröffentlichte er rund 200 Bücher, Taschenbücher, Broschüren und E-Books.

Bücher von Ernst Probst

(Auswahl)

Als Mainz noch nicht am Rhein lag

Annie Oakley
Die Meisterschützin des Wilden Westens

Archaeopteryx. Der Urvogel
aus Bayern

Christl-Marie Schultes. Die erste Fliegerin in Bayern
(zusammen mit Theo Lederer)

Cortés und Malinche. Der spanische Eroberer
und seine indianische Geliebte

Der Europäische Jaguar

Der Mosbacher Löwe
Die riesige Raubkatze aus Wiesbaden

Der Rhein-Elefant
Das Schreckenstier von Eppelsheim

Der Schwarze Peter
Ein Räuber im Hunsrück und Odenwald

Der Ur-Rhein
Rheinhessen vor zehn Millionen Jahren

Deutschland im Eiszeitalter

Deutschland in der Frühbronzezeit

Deutschland in der Mittelbronzezeit

Deutschland in der Spätbronzezeit

Die Aunjetitzer Kultur in Deutschland

Die Straubinger Kultur in Deutschland

Die Singener Gruppe

Die Arbon-Kultur in Deutschland

Die Ries-Gruppe und die Neckar-Gruppe

Die Adlerberg-Kultur

Der Sögel-Wohlde-Kreis

Die nordische Bronzezeit in Deutschland

Die Hügelgräber-Kultur in Deutschland

Die ältere Bronzezeit in Nordrhein-Westfalen

Die Bronzezeit in der Lüneburger Heide

Die Stader Gruppe

Die Oldenburg-emsländische Gruppe

Die Urnenfelder-Kultur in Deutschland

Die ältere Niederrheinische Grabhügel-Kultur

Die Unstrut-Gruppe

Die Helmsdorfer Gruppe

Die Saalemündungs-Gruppe

Die Lausitzer Kultur in Deutschland

Die Dolchzahnkatze Megantereon

Die Dolchzahnkatze Smilodon

Höhlenlöwen. Raubkatzen im Eiszeitalter

Julchen Blasius
Die Räuberbraut des Schinderhannes

Katharina II. die Große.
Die Deutsche auf dem Zarenthron

Johann Jakob Kaup
Der große Naturforscher aus Darmstadt

Königinnen der Lüfte in Deutschland

Königinnen der Lüfte in Europa

Königinnen der Lüfte in Amerika

Königinnen der Lüfte von A bis Z

Rund 70 Kurzbiografien berühmter Fliegerinnen, Ballonfahrerinnen, Luftschifferinnen, Fallschirmspringerinnen, Astronautinnen und Kosmonautinnen

Königinnen des Films

Königinnen des Tanzes

Königinnen des Theaters

Malende Superfrauen

Meine Worte sind wie die Sterne
Die Entstehung der Rede des Häuptlings Seattle
(zusammen mit Sonja Probst)

Monstern auf der Spur
Wie die Sagen über Drachen, Riesen
und Einhörner entstanden

Neues vom Ur-Rhein
Interview mit dem Geologen und Paläontologen
Dr. Jens Sommer

Österreich in der Frühbronzezeit

Österreich in der Mittelbronzezeit

Österreich in der Spätbronzezeit

Pompadour und Dubarry. Die Mätressen
von Louis XV.

Raub-Dinosaurier von A bis Z.
Mit Zeichnungen von Dmitry Bogdanav
und Nobu Tamura

Superfrauen 8 – Literatur

Superfrauen 9 – Malerei und Fotografie

Superfrauen 10 – Musik und Tanz

Superfrauen 11 – Feminismus und Familie

Superfrauen 12 – Sport

Superfrauen 13 – Mode und Kosmetik

Superfrauen 14 – Medien und Astrologie

Tony und Bruno Werntgen. Zwei Leben für die Luftfahrt (zusammen mit Paul Wirtz)

Was ist ein Menhir?
Interview mit dem Mainzer Archäologen
Dr. Detert Zylmann

Wer ist der kleinste Dinosaurier?
Interviews mit dem Wissenschaftsautor Ernst Probst

Wer war der Stammvater der Insekten?
Interview mit dem Stuttgarter Biologen
und Paläontologen Dr. Günther Bechly

Zenobia von Palmyra.
Eine Frau kämpft gegen die Römer